MANIFESTE

D'ORLLIE-ANTOINE IER

ROI D'ARAUCANIE ET DE PATAGONIE

PARIS

A LA LIBRAIRIE THEVELIN

Passage Jouffroy, 52

ET CHEZ LES PRINCIPAUX LIBRAIRES

MANIFESTE

D'ORLLIE-ANTOINE IER

ROI D'ARAUCANIE ET DE PATAGONIE

PARIS

A LA LIBRAIRIE THEVELIN

Passage Jouffroy, 52

ET CHEZ LES PRINCIPAUX LIBRAIRES

MANIFESTE

D'ORLLIE-ANTOINE Ier

Roi d'Araucanie et de Patagonie.

MANIFESTE

D'ORLLIE-ANTOINE Ier

roi d'Araucanie et de Patagonie

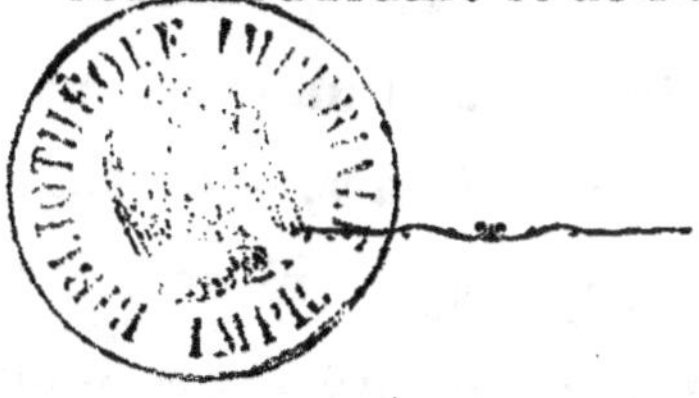

I

Entre toutes les erreurs commises par quelques-uns des journaux qui ont traité la question de mes droits au trône d'Araucanie et de Patagonie, il en est deux que je tiens à relever, car elles sont capitales.

On m'a qualifié de « roi en disponibilité » et

l'on a affirmé que je ne pourrais rentrer dans mes États qu'avec l'intervention du gouvernement-français.

Je commence par déclarer que j'aime trop mon pays pour songer à accroître ses embarras, et que je ne lui demande d'autre faveur que celle d'accepter de ma main une colonie douée d'un climat plus uniformément tempéré que celui de la France, — où l'on n'entend parler ni d'épidémies, ni de fièvres, — riche en pâturages, en forêts et en mines, — enfin comprenant 425 lieues de côtes sur l'océan Atlantique et presque autant sur l'océan Pacifique, avec une largeur moyenne de 200 lieues.

Où trouver un pays qui offre autant d'espace et de ressources à l'émigration? Cette vaste contrée ne contient qu'environ deux millions d'habitants, et il pourrait s'y établir des marchés considérables de laines, de peaux, de métaux, etc. Quant aux 800 lieues de côtes, il est inutile d'en faire ressortir l'importance.

Un « roi en disponibilité, » tiendrait-il ce langage, qui n'a rien d'hyperbolique, comme je le prouverai tout à l'heure par des arguments concluants, — et demain par des faits?

II

Puisqu'on m'y force, je reproduis ici la protestation adressée par moi, le 27 janvier 1862, aux chargés d'affaires des puissances étrangères au Chili, et qui établit de la façon la plus péremptoire l'imprescriptibilité de mes droits :

« Les autorités du Chili m'ont fait arrêter et me retiennent prisonnier aux Anjeles. Elles donnent comme motif de ma détention le projet que j'aurais conçu de soulever les Indiens d'Araucanie et de les déchaîner contre le Chili, pour forcer les populations qui se trouvent sur la rive gauche du Bio-Bio à passer sur la rive droite.

« Je proteste, devant vous et devant le monde entier, que jamais je n'ai tenu à mes sujets les discours que l'on me prête, ni provoqué aucune prise d'armes contre le Chili.

« Les misérables qui m'ont livré n'ont eu pour mobile que les 250 piastres (1,250 fr.) promis par l'intendant Saavedra. Voulant déguiser leur trahison, ils ont mis à ma charge les paroles de guerre prononcées par les Indiens, qui m'ont maintes fois répété qu'ils regarderaient les Chiliens comme leurs ennemis, tant que les populations établies sur la rive gauche du Bio-Bio ne se transporteraient pas sur la rive droite, et que, si ce mouvement ne s'opérait pas de bon gré, ils le feraient exécuter de force. A quoi je répondais qu'il fallait prendre patience, et qu'aussitôt nommé roi, je réglerais le tout amiablement.

« Voilà, Monsieur, les seules paroles qui soient sorties de ma bouche à ce propos. Je proteste donc, comme je l'ai fait depuis mon arrestation, contre la violation de ma liberté individuelle, contre la violation de ma personne et des droits y attachés, tant comme particulier que comme roi d'Araucanie et de Patagonie, enfin contre la violation du droit des gens, attendu que tout peuple naît ou doit naître libre par droit naturel, et qu'il peut disposer de lui comme il l'entend.

« Or les Indiens d'Araucanie et de Patagonie m'ont librement proclamé leur roi et ont adopté mon drapeau bleu, blanc et vert. Nous n'avons fait, les uns et les autres, que ce que nous avions le droit de faire, les Araucaniens et les Patagons en me conférant le pouvoir, et moi en l'acceptant.

« Le Chili n'a jamais eu aucun droit sur ces deux pays, ni par conquête, ni par soumission volontaire; ses lois y ont toujours été méconnues; donc je ne pouvais les violer ni directement ni indirectement.

« Le gouvernement chilien reconnaît publiquement et solennellement l'indépendance de l'Araucanie : il forme des projets et dresse des plans de conquête. Songerait-il à la conquérir, si elle était sous sa main? — Il parle de frontières entre le Chili et l'Araucanie : ces limites ne signifient-elles pas que là s'arrête le Chili?

« Tous les écrits qui concernent l'Araucanie ne font que confesser et consacrer son indépendance. Il n'est pas un seul Chilien que, dans le tête-à-tête, vous n'ameniez à la reconnaître. Mais le gouvernement argue de la constitution : celle-ci donne purement et simplement l'Araucanie au Chili. D'accord, mais cet article de la constitution n'est qu'une lettre morte, puisque l'Araucanie n'y a pas adhéré, et que le Chili ne peut l'y faire adhérer de force.

« Ainsi donc les Araucaniens, comme les Patagons, avaient le droit de me nommer leur roi, et j'avais le droit d'accepter, pour moi et les miens, le pouvoir qu'ils me conféraient, eux, qu'aucune nation n'avait pu dompter[1]. »

[1] *Orllie-Antoine Ier, roi d'Araucanie et de Patagonie*, p. 101-104; p. 108-110 et 132, *note*.

III

Quoi de plus net et de plus catégorique?

J'ajoutais :

« Qu'importe la prison que j'ai subie! —
Si je ne craignais que l'on ne se méprît sur la
portée de mes paroles et que la grandeur des
noms ne compromît la justesse de la compa-
raison, je dirais en terminant: Louis XI après
Péronne, et François Ier après Pavie, étaient-
ils moins rois de France qu'avant[1] ? »

[1] Même ouvrage, p. 155.

L'attentat consommé contre moi par le Chili n'a pu entamer mes droits; il n'a fait qu'en suspendre l'exercice.

En ce moment, les peuples qui m'ont acclamé non-seulement comme leur roi, mais aussi comme leur sauveur, n'attendent que mon retour au milieu d'eux pour se lever en masse et marcher à ma suite dans la grande voie du progrès.

Voilà donc la question d'intervention tranchée.

Mes États me sont ouverts de toutes parts et mes peuples m'appellent par la voix de leurs caciques. Qu'ai-je besoin de m'entourer de baïonnettes?

IV

Ce que je demande, non pour asseoir ma puissance, mais pour concourir à l'œuvre de civilisation que j'ai entreprise, c'est une émigration d'honnêtes gens.

Je fais appel à ceux d'entre les déshérités de la vieille Europe, dont l'intelligence ou les bras restent inactifs faute d'une place au soleil.

Aux uns j'offre des fonctions qui ne seront pas des sinécures ; aux autres, des terres qui deviendront leur propriété et l'argent nécessaire pour couvrir les premiers frais d'établissement.

Il s'agit d'une croisade digne du xix° siècle, de la croisade de l'Idée et du Travail contre l'Ignorance. — Que les vaillants se tiennent prêts : je ne leur ferai pas défaut.

Le voyage est de longue durée, — il est cruel de quitter la mère-patrie, sans doute, mais que de compensations en échange! Ici, l'ouvrier passe sa vie à se débattre contre la misère; là-bas, il est sûr d'atteindre le bien-être.

Si l'ancien avoué a étonné le monde par la soudaineté de son avénement au trône, il l'é-tonnera encore davantage par la supériorité du plan de colonisation qu'il se propose d'inaugurer.

v

Un dernier mot.

Les griefs légitimes que j'ai contre le Chili
ne me feront pas dévier d'une ligne de la
route que je me suis tracée.

Je connais les devoirs de ma position, et
j'espère que la république Sud-Américaine
comprendra qu'elle a un intérêt de premier

ordre à maintenir la paix avec l'Araucanie et la Patagonie. — Je ne songe pas à attaquer, mais j'entends rentrer dans mes droits.

Fait à Paris, le 16 décembre 1863.

ORLLIE-ANTOINE 1er.

PARIS. — IMP. V. GOUPY ET Cie, RUE GARANCIÈRE, 5.

ON TROUVE

CHEZ THEVELIN, PASSAGE JOUFFROY, 52

ET CHEZ TOUS LES PRINCIPAUX LIBRAIRES.

ORLLIE-ANTOINE Ier

ROI D'ARAUCANIE ET DE PATAGONIE

SON AVÉNEMENT AU TRONE ET SA CAPTIVITÉ AU CHILI

RELATION ÉCRITE PAR LUI-MÊME

1 volume in-8° avec portrait. 3 fr.

PARIS. — IMP. V. GOUPY ET Cⁱᵉ, RUE GARANCIÈRE, 5.